사각거리는 바다

군산시인포럼

사각거리는 바다

──────────

초판 1쇄 발행 2024년 12월 30일

지은이 군산시인포럼
펴낸이 한춘희
펴낸곳 지성의 상상 미네르바
등록번호 제300-2017-91호
등록일자 2017. 6. 29.
주소 03131 서울특별시 종로구 율곡로 6길 36, 월드오피스텔 802호
전화 010-5417-1073
전자우편 minerva21@hanmail.net

ISBN 979-11-89298-74-6 (03810)

값 12,000원

* 이 책은 전부 또는 일부 내용을 재사용하려면 반드시 저작권자와 미네르바의 동의를 받아야 합니다.

군산시인포럼

사각거리는
바다

제5집

미네르바

■ 책머리에

낮과 밤이 유난히도 뜨거웠던 지난 여름이었다.
그래서인지 차창에서 본 해내뜰도 황갈색 몸살로 편치 않아 보인다.
어디 들판뿐일까.
종잡기 힘든 기후로 인해
인간에게도 돌이킬 수 없는 질병들이 창궐하고 있다.
그렇다면 이들은 어디에서 오는가.
물어볼 것 없이 우리들이 더럽혀 놓은 바다이다.
깨끗한 바다는 데워진 지구를 식힐 수 있다.
그러나 지금 바다는 숨을 멈추려 한다.
누군가는 죽어가는 그를 살리고 지켜야 되지 않겠는가.
거기는 뭇 생명들의 처음이자 끝이기 때문이다.
우리는 생명의 근원인 이곳을 탐구하고 천착하는데
결코 태만하지 않을 것이다.
군산시인포럼이 바다를 추구하는 이유이기도 하다

어느새 제5집을 발간한다.
돌아보면 질풍처럼 달려온 3년이었다.
우리 동인들의 땀방울이 스며 있는 이 책을

세상 속에 방류하면서 겨눠질 독자들의 시선이 사뭇 궁금하다.

사랑으로 안아 주시기를 바랄 뿐이다.

기꺼이 동참해 주신 민용태, 손현숙, 김유자, 전재복 시인께 감사 드린다.

끝으로 우리를 여기까지 이끌어주신 문효치 스승님께 고개 숙여 깊은 존경의 말씀 올리며

오래도록 스승님의 건강을 기원하는 바이다.

애써주신 우리 동인들께도 고맙다는 말 전하고 싶다.

2024년 늦은 가을
회장 윤명규

■ 차 례

책머리에 _ 010

초대시

민용태   섬 _ 020

손현숙   바다, 저 건너에서 누가 온다 _ 022

김유자   왼발은 숲으로 오른발은 바다로 _ 026

전재복   비틀거리는 바다 _ 030

테마시: 바다

나채형	인고의 바다 _ 034
	소금 _ 036
문화빈	해무1 _ 038
	해무2 _ 040
윤명규	사월에는 _ 044
	기울어진 바다 _ 045
이서란	해무 _ 048
	사량도 세탁기 _ 049
김차영	새만금 _ 052
	고뇌의 바다 _ 053
김충래	바닷가 라면 _ 056
	명태 _ 058
문화인	낚시 _ 062
	바다 _ 063
윤정희	바다 _ 066
	째보선창 _ 068

신작시

나채형	풀 _ 072
	상자 _ 074
	길 _ 075
	여행 _ 077

문화빈	땀 _ 080
	키보드 1 _ 082
	술 1 _ 084
	술 2 _ 085

윤명규	그해 여름날 _ 088
	벌초 _ 089
	운해 _ 090
	빈곤 _ 092

이서란	뭍들 _ 096
	모자 관계 _ 097
	광대 _ 098
	째보선창을 구독하다 _ 100

김차영	고쟁이 _ 102
	본드 _ 103
	노을 한 점 _ 104
	연기 연습 _ 105

김충래	내 몸에 핀 꽃 _ 108
	애국자 코스프레 _ 110
	소금 2 _ 112
	상처가 허물은 아니다 _ 114

신작시

문화인   하루 _ 118
먼지 _ 120
그여름의 비망록 _ 121
낮은음자리 _ 123

윤정희   추억의 잠자리표 가위 _ 126
땅끝마을 _ 128
바람의 기억 _ 130
가방 _ 132

■ 평설 | 바다, 그 영원한 생명의 시에 이르는 길 _ 135
_ 박성현(시인)

초대시

민용태

손현숙

김유자

전재복

민용태

1968년 『창작과 비평』으로 등단.
시집 『시간의 손』, 『바람개비에는 의자가 없다』,
　『파도가 바다에게』 등.
번역서 『돈기호테 1,2』, 『태양의 돌』 등.
1975년 서반아 마드리드 대 스페인 국가 문학박사.
1975-1979년 서반아 메넨데스 빨라요 국제 대학 강사.
1979-1987년 외대 교수, 1987-2008년 고려대 교수.
현재 고려대 명예 교수. 스페인 왕립 한림원 종신 위원,
아시아 서어서문학회 부회장.

섬

민용태

나
섬
설 곳 없다

섬은 갈매기 똥
황소고집이 집을 짓는다
물결 위

나는 없다
바다는 이미 하늘로 가득 찼다

손현숙

1999년 『현대시학』으로 등단.
시집 『너를 훔친다』, 『손』, 『일부의 사생활』,
사진산문집 『시인박물관』, 『나는 사랑입니다』,
『댕댕아, 꽃길만 걷자』.
연구서 『발화의 힘』, 『마음 치유와 시』.

바다, 저 건너에서 누가 온다

손현숙

수평선 너머로 별이 진다 달은 그믐으로 가고 나는 점성술
사처럼 사라지는 포말의 미래를 예견한다

말없이도 한 사흘 넘어 닷새까지도 견뎌야 하던 때, 바닷새
울음소리 들렸다 울음으로 물결이 출렁인다 소리도 가슴으
로 듣는다는 것을 그때 알았다

노을이 물드는 곳에서 새들이 온다 세상이 기울어지면 나
도 함께 기울어져서 중심을 옮기는 방법, 바다는 출렁이면서
제 몸의 각을 잡았다 그믐에도 눈을 감으면 눈 속에 환한
달이 뜨기도 했다

밀물 때가 되면 바다는 천천히 몸을 연다 눈을 감고

먼 곳을
　보면 들리는 소리, 물의 깊이로 가면서 오는 사람이
있다

김유자

2008년 『문학사상』으로 등단.
시집 『고백하는 몸들』 『너와 나만 모르는 우리의 세계』.
한국시협 젊은시인상 수상.

왼발은 숲으로 오른발은 바다로

김유자

손을 넣고 휘휘 젓다가
발을 꺼낸다
두 발은 두리번거리다,
왼발은 숲으로 오른발은 바다로

귀를 꺼낸다 이것도 한 쌍이구나
열려 있어서 지킬 것이 없구나
두 귀가 다가가 붙어 서자,
나비가 된다
날갯짓할 때마다 파문이 일고

입을 꺼내자 윗입술은 떠오르고
아랫입술은 가라앉는다
구름인가 은하수인가 머리를 갸웃거리며
윗입술은 우주를 떠가고
심해에서 지느러미를 흔드는 아랫입술 사이로
유성우가 흘러내린다
말들이 심해어의 눈처럼 흐려진다
〈

무엇을 꺼내도 나로부터 달아나는

빛은 흩어져 있는 뼈와 심장과 귀들을 끌어당긴다
잠 깨면 바다와 사막과 행성 냄새가 난다
눈, 발, 가슴 한 쌍은 서로를 바라보지 않는다
손목과 손가락
종아리와 발목
입술과 혀는 붙어서
서로 다른 생각에 잠겨 있다

전재복

시집 『개밥바라기별』 외 5권, 산문집 『쉼표,숨표』 외 2권,
동화 『꿍꿍이가 있어요』.
전북문학상 외 다수 수상.

비틀거리는 바다

전 재 복

한쪽으로 자꾸 기울어지는 걸음 왼쪽 머리의 통증 때문이었을까 아니면 오른쪽? 밤새 달달 끓여서 수증기로 날리려 용을 쓰던 달빛의 노력이 가상했지만 쓸데없는 체력소모인 줄은 알았지. 자꾸 떨어지는 머리의 무게 때문에 커다란 열기구 하나 달아야겠어. 아직도 내 영혼은 식물성인데 자꾸 냄새나는 동물성 먹이를 강요당해. 시시각각 비대해지는 몸뚱어리를 처연한 눈빛으로 쓰다듬네. 팽만한 배를 견디기 버겁거나 참을 수 없이 비위가 상할 때 변기를 거꾸로 끌어안고 토악질을 하곤 하지. 반쯤 녹아버린 동물의 **뼈**들, 못 감은 애꾸 눈, 팔딱이는 반쪽의 심장이 마구 쏟아져 나와. 재활용도 가능할 플라스틱 덩어리도 산만큼 게워냈네. 내 영혼은 아직 식물성! 식물성! 식물성 주문을 외워. 한도 초과한 몸뚱이의 주인이 아직도 나인 줄은, 두터운 비계 층을 받치고 있는 질식 직전의 늑골을 만질 때야. 욱신대는 사색의 푸른 갈비**뼈**! 아, 얼마나 다행인지! 죽어가는 심장을 서둘러 이식해야겠어. 다시 힘차게 뛸 수 있기를, 잎새 너울거리는 나무도 무성하게 자라날 수 있기를.

테마시: 바다

나채형

문화빈

윤명규

이서란

김차영

김충래

문화인

윤정희

나채형

2021년 『미네르바』 추천 등단.
군산문협 회원, 전북문협 회원.
미네르바문학회 회원.
시집 『사막의 보트타기』.

rahee5696@naver.com

인고의 바다

나채형

잘 참고 견디어냈어

고통의 시간이 아닌
바다에 긴 항해 중이었어

가늘게 날숨 고를 때
냉랭한 기운이 감돌고 있었지

하얗게 부서진 파도에 휩쓸려
사라져 버릴 것 같은
절박한

끼룩끼룩 모여왔다 날아가는
갈매기의 꿈을 꾸고 있었어

더러움에 적응 못 하는 성깔

닦아주고 씻어주는 일상의 그림자로
철썩철썩 숙성의 고찰考察 시간이었지

〈
하늘이 캄보디아 승려복 색깔 되고
병실 환우들의 쓰레기통에 처박은 머리

천의 얼굴을 가진 바다

찰나의 순간
등대 불빛마저 정지되어버렸어

소금

나채형

딱지를 왼발에 대고
세차게 쳐보는 문장 따먹기 놀이
아뿔사 각선 어깨들

이면지마저 내놓지 않으려는 심사
하얀 윤슬의 일렁거림

조각구름 접어서 힘껏 지기地氣를 쳐보았다

통통한 침묵의 그림자 무거워
접히지 못하고 구멍만 둥실둥실 떠 있다

그곳엔 시들지 않는 뭉텅한 맨드라미 한 송이

뒤집히는 것은 소금 딱지가 아니라
매칼없는 희귀의 발등만 어설피 뒤집혀지고
복숭아뼈 금가루 뿌려 덮는구나

문화빈

2020년 『미네르바』 추천 등단.
한국문협 회원, 전북문협 회원, 군산문협 회원.
미네르바문학회 회원.
시집 『파이(π)3.141592…』.

jihen4028@naver.com

해무 1

문화빈

  그의 몸짓은 늘어진 테이프처럼 둔하고 느릿하기만
하다
  평화롭고 조금은 권태스러운
  도망자를 숨겨놓은 어머니처럼 침착하고 고요하기
까지 하다

  저런 앙증맞은 여유를 데리고
  그는 나를 만나러 온다
  어쩌면 그 여유를 연습하느라 이토록 늦게 도착하는
지도 모른다
  기다리는 동안 그 무심함이 불안하다

  작은 물고기들이 가을 새 떼처럼 우수수 몰려와도
  나는 초롱초롱 그만을 응시한다
  섬 사이로 서서히 걸어가는 그를 허둥지둥 따라간다
  어쩌면 그를 놓칠지도 모른다는 생각에 숨이 탁 막
혀온다
  그는 예전부터 잘해 온 일, 내 앞에서 사라져 버리는
것에 충실할 뿐이다

〈
그에게 아무것도 아닐까 봐 어깨가 들썩인다

해무 2

문화빈

의심의 사치를 누려본 적이 없는 듯
불신을 덮은 선박에서 깊은 흰색이 우려진다

복잡성을 꿰뚫고 단순한 진실들을 발견한 것처럼
잠시 흔들리기를 멈춘다

단순함에서 나오는 깊이감
그 특이한 깊이감은
바로크적이면서 연약하다
연약함에서 나오는 지혜
그것은 고요한 공기 중에 녹아들어
아무것도 몸부림치지 못하게
모든 것에 휴식을 준다
시간이 목적지에 이른 것처럼

보이지 않는 새들은
겨우 한 가지 혹은 세 가지 음밖에 내지 못하는 속박에서 풀려난다
〈

일의 시대가 끝나고 다음 시대로 넘어가는 느낌

허구의 심한 피로, 헛소리와 그 헛소리 너머의 생각
존재가 내는 소음을 조정하고 구부린다

* 말벗이나 생활 안정을 점검하는 일.

윤명규

2020년 『미네르바』 추천 등단.
한국문인협회, 전북문인협회, 군산문인협회 회원.
미네르바문학회 회원.
시집 『허물의 온기』, 『흙의 메일』, 『바람의 제국 긴급제안.』
(현재) 농부이면서 사무자동화장비 법인 회사 경영.

ok4661500@naver.com

사월에는

윤명규

남쪽 팽나무 언덕 바닷가에도
그때 그날처럼
사원 동백꽃 목 툭툭 부러지고 있겠지

못다 핀 꿈 활짝 피워보고 싶어
쥐어뜯듯 허공을 후비며
떨어졌을 꽃 모가지들

바다는 비늘을 벗듯
실 빛살 껴안은 채 잔숨 몰아쉬는데
마른버짐 돋은 주홍빛 살점들만
땅바닥에 뒤척이며
서걱서걱 진저리 친다

사월이면
남쪽 바다는 왜 시리도록
꽃물이 드는 걸까

둥지 찾고 있는 그들을
깊이깊이 가두어 두고

기울어진 바다

윤명규

또 누구의 죽음인가

묻혔다 이어지고 끊겼다 살아나는
선유도 넙덕지 때리는 물소리

서러워서일까
흰 셔츠 높이 휘젓고 가던 저녁 파랑
멈칫멈칫 발걸음 늦춰가네

비릿했던 한 생
요리조리 갯장어처럼 살다 간 뱃사내
아고똥한 마누라 못 잊혀 어찌 갔을꼬

이 밤 지나면
쉰다섯 등짐을 부려 논다네
찐득찐득 살과 피 다 마르도록
선유도 바람 품에 너하 너하 안긴다네

해감내만 짐승처럼 웅크리고 있는

흰빛 바랜 사막 어장
쭈꾸미방* 매달리듯 빗덩이 남겨두고

쩍쩍 갈라지는 북어처럼 멸치처럼
바람의 경전 들으러

* 쭈꾸미를 잡기 위해 줄에 매달아 놓은 소라껍질.

이서란

2021년 『미네르바』 추천 등단.
시집 『별숲에 들다』.
한국문인협회, 미네르바문학회, 청사초롱문학회 회원.

hada0512@naver.com

해무 海霧

이서란

단단했던 하루를 풀어헤친
노을 나무 아래
생의 한 귀퉁이를 걸어 놓았네

뛰어든 사자 한 마리

갈기를 휘날리며
물고기처럼 주변을 서성거리네

그 등에 올라타
보이지 않아도 흔들리지 않는 나
파문을 굽이굽이 헤치고 있는
치열한 저녁

바다에 살 다 뜯기고 뼈만 앙상하게 남은
생멸生滅의 이름 짙게 뱉어놓고
수신되지 못한 파동의 말로 주파수를 맞추네

노을빛 바다를 헤엄쳐 걸어간다네

사량도 세탁기*

이서란

달은 이마에 머리띠를 둘렀다
머리 아픈 하루가 달려드는 시간

검은 별
긴잎이팝나무, 쇠물푸레나무
어둠 속에서 비명 지르는 것들

실패, 성공, 번민의 세제를 공중에 흩뿌리고
나는 바다에 던져졌다

시작 버튼을 누른다

거대한 바다는
으르렁 쿵쾅, 으르렁 쿵쾅
밤새 돌아가며
찌든 하루의 먼지를 털어내고 있다

눈에 보이는 것보다 보이지 않는 것이
더욱 공포를 유발할 때가 있다

소리는 가벼워서 쉽게 날아가지만
가끔,
가슴을 철렁이게 한다

무거운 소리에 올이 풀리자
초록의 실은 날갯짓을 한다
바다가 날개를 펴면
펼수록 동공이 풀려나간다

바다의 끈이 풀릴수록 더욱 단단해지는 나
빛바랜 절망이 씻겨나간다

* 통영에 있는 섬.

김차영

2021년 『미네르바』 추천 등단.
군산문협 회원, 전북문협 회원.
미네르바문학회 회원.
시집 『미이라의 술』.

banjand@hanmail.net

새만금

김차영

째보선창에 안강망 어선이 들어오는 날이면
새벽 댓바람부터 어머니는 바빠졌다

어머니만의 무슨 비법이 있는지
서해바다를 수돗가에 펼쳐놓고
잘 알고 있는 섬 또는 생소한 섬을
일일이 설명하며 투명 비닐봉지에 넣어주셨다

우리는 바다가 그리울 때면
냉장고에서 섬을 꺼내어
굽고 튀기고 끓여도 보면서
외로움을 달래는 토실토실한 고래가 되어
수평선 너머까지 다녀오곤 했는데

땅떼기 조금 더 가져보겠다고
바다의 손목을 뎅강 잘라 육지에 버린 날부터
아내와 난 점점 마른 북어가 되어갔다

고뇌의 바다

김차영

숨통을 조여드는 일상으로
바다가 찾아왔다
바다와 난 말없이 서로를 뚫어져라 쳐다봤다
바다는 잔잔한 미소를 머금고 노래를 부르지만
내 가슴속 귀에는 속울음 소리로 들리듯
바다도 나를 스캔하고 있다
이렇게 서로에게 골몰하는 동안
침묵의 수평선에 다다랐다
먼저 무너진 건 나였다
출구 없는 아픔,
고래고래 외장 치며 쏟아내면서
아슬한 허무의 절벽에 서서 흔들리고 있다
그런 나를 멀뚱히 바라보며
녹아내린 심장과 온갖 쓰레기로
비만이 되어 가는 지친 바다는
굽혔던 허리를 펴고
저걸 덮쳐 말아 고뇌하고 있다

김충래

2022년 『미네르바』 추천 등단.
군산문협 회원, 미네르바문학회 회원.
자유인이면서 간헐적 농부.

kcraida@daum.net

바닷가 라면

김충래

울먹이는 심장에
노을 한 젓가락 걸치면
끓어 넘치는 잡념과
꼬불꼬불한 마음
라면스프처럼 풀어진다
낡은 밥상에 해풍을 한 점 올리자
입맛은 벌써 달아오른다

어깨 너머 참꽃 팔랑팔랑 참견하고
등 뒤 까투리 술기운에 겨워
밀려오는 파도에
흥얼흥얼 한마디 실리는데

어둠이 밀물처럼 다가올수록
어디서 불어온 바람
허리춤을 슬쩍 간질이면
갯바위도 노래에 젖어 출렁인다

바닷가 라면이란

참꽃과 할미꽃, 농게와 생굴을 진득하게 끓여낸
짬뽕 국물 같은 한 사발
숟가락질 서툰 하루
후루룩 미소 짓는다

명태

김충래

얼얼하게 눈먼 동태
생태인지 코다리인지
겹쳐 보이는 세상 안갯속이다

심해에서 떼 지어 놀던 친구들 흩어지고
덕장에서 황태처럼 얼었다 녹은
몸의 기억만
이명으로 울고 있는데

명란젓같이 짭짤한 세상
곤이처럼 꼬이는 일상
실컷 두들겨 맞은 먹태에
노가리 까며 주절거리다
속살 같은 백태 해장국은
해장술로 또 줏대가
무너지게 하는데

제사상에 떡하니 한자리 버티다가
뻣뻣하게 마른 생각의 북어

대들보 실에 묶여 음복을 빌고 있는

나는 대체 누구로 우는 것인가

문화인

2012년 『한국시』 등단 및 대상 수상.
2024년 『미네르바』 추천 등단.
군산시인포럼 회원.
시집 『언젠가』.

munwhain@naver.com

낚시

문화인

바다의 깊은 눈빛에 젖어
종일 별 물결만 쫓아다니다
낚싯대에 붉은 노을 걸어놓았다
하루를 미끼로 던져주었는데
어망 속에
파란 하늘과 내가 담겨 있다

바다

문화인

억년을 달려온 파도의 기차 바퀴에
깃발이 펄럭인다

실금 같은 흉터 새겨져 있을까
아린 물결 위에

오늘 힘겨이 너를 맞이하고 있는 이유이다

윤정희

2016년 『문파』 시 등단.
2017년 『문파』 수필 등단.
한국문인협회 회원.
시낭송가.

cosmos7353@daum.net

바다

윤정희

크다 작다 눈금을 그어댔어
희다 검다 색칠했어

외눈으로 바보는 세상을 콕콕 쪼아대며
외지고 굽은 길 피해 보려 해도 그 길이 그 길

가슴 빠개지는 눈먼 사랑 하고 싶다는 여자
남자는 그런 사랑은 이상이라 하고
여자는 그 이상이란 걸 현생에 살아보자 했어

너무 높은 곳에 있어 따올 수 없는 물건인지
너무 비싸 사 올 수 없는 물건인지
여자는 앙앙불락이었어

쉼 없이 해일은 밀려오고 파도가 목마를 태워도
머 언 물금자리에 머물고 있는 서로의 눈

서발장대 휘저어도 걸릴 것이 없는 남자
어깨를 짓누르는 맏이란 이름

등에 진 짐이 키를 넘어도

물색 바래지지 않는
어제 같은 오늘 오늘 같은 내일
물결이 일지 않는 수면이었어

바다가 우려내는 노을 앞에서도
바라보지 못했어 소리를 듣지 못했어

그 긴 날 침묵하고 있던 남자가
내 안의 바다였다는 것을…,

째보선창

윤정희

꽃이 지는 폐경을 맞은 여자인 거야

한줄기에서 피었다 진 무늬만 개켜 놓은
같은 얼굴 같은 이름인데

음률을 잃어버린 노래인가
바람의 지문으로 남은 선창

흥성했던 옛 물 돌아올 기척 없고
풍상에 부스럼을 털고 있는 뼈들만
한낮의 취객처럼 졸고 있다

유숙하는 물도요에게 어깨를 내어준 등대는
불 꺼진 촛대인 듯 일없이 서서
집 비우는 여자처럼 치맛자락 흔들며 먼바다로
나갔다 돌아오는 파도를 무심히 바라보고 있다

외갈매기 날아와
옷소매 붉은 끝동 같은
노을 한 조각 물고 가는데

신작시

나채형

문화빈

윤명규

이서란

김차영

김충래

문화인

윤정희

나채형

풀 외 3편

풀
– 곡선의 미학

베인 새살이 돋는 시간
연습 없이 찾아드는 허실의 고통
비참이 기억을 쥐락펴락 끊었다

액체가 혈맥의 고랑 타고 몸속에 들어오고
들숨에 헐떡거리고 꼬꾸라져 축 늘어진 사지

고통과 아픔이 무감각하게 공존하는 어둔 밤
이승과 저승의 이면
지체는 순간

산등성이 절벽에 서 있는
내 영혼은 무엇을 하느라
긴박한 갈림길에서
하드웨어를 잠시 외출시켰을까

바람 소리 끝없이 날갯짓하는
소낙비 따라 먼지로 뒤엉켜 얼룩진
꺾이지 않는 풀

〈
날 선 바람에 퍼렇게 멍들어도
강인한 인내로 순응하며 제자리에서

휘어갈 줄 아는 곡선의 행로

상자

거꾸로 가는 그림자
오래된 기억의 네모를
확대해서 잡아 당겨본다

타닥거리는 장작불 불똥 속에
굽는 통감자
생각도 함께 익어간다

시커먼 입 언저리
옷소매 움켜쥐고 쓱쓱 비벼대던
늦은 오월이 훌쩍 가고

하늘이 떨어져 나온 비, 비
내면의 찌꺼기까지 후련하게 씻어준다

까칠한 입맛에 물 많은 라면 삼키고

변덕스런 뺑덕어멈 장맛비 개인 한나절
풀잎 끝동에 흙으로 범벅된 진주알
물에 적신 내 발가락 닮았구나

길

자유로운 굴레 시간의 약속
누에잠을 자는 새벽이 꿈을 안고
실가닥 바람으로 창문을 두드린다

바다를 향해 달려가자고

그 길가에
펼쳐진 까만 바위 틈새로
작은 무덤

나무 십자가에
지키지 못한 약속이 걸려있어

무슨 사연일까

툭툭 터진 시뻘건 핏물이
하늘 향해 삿대질하다
굳어버린 저 검은 바위
〈

그 위에
한 줄 글을 쓰려고
묶어 놓은 생각의 실마리를 찾는다

먼지의 미이라가 눈을 뜨고
죽음을 말한다

여행

마주 보는 것
기쁨 속에 두려움이 깃든
긴
여정의 시작점

따뜻한 시선으로 마주 보며
인연이란 갑옷을 입었어

반딧불만한 지혜를 구하며
까마귀처럼 기웃거리고
사슴이 되어 불안과 공포에 떨기도 했지

이윽고 반딧불을 잡으려 할 때
긴 여행 터널에서 자유를 찾고 있었지

작약꽃 하얗게 필 때
까마중보다 더 빛나는 보석의
눈동자가 아른거려…

고행 끝에 웃음은 피어나고 있었어

# 문화빈

땀 외 3편

땀

이미 혼자인데 더 혼자가 된다
이케아 옷장을 조립하고
적당히 마모시킨 독백으로
혼술을 하며 어쩌고저쩌고

직장에 근근이 붙어
은퇴할 즈음 외곽이지만 산책로가 있는
혼자 지낼만한 집

국민연금이 나올 때까지 버티려면
노노케어*든 학교 지킴이든 알바를
까짓것 하면 하는 것

비 오는 날 호박 부침개를 먹으며 군산 쌀막걸리를 걸친다면
충분히 만족할 만한
이 소란에 땀이라는 이름을 붙여야 할까

결핍된 것이 유행한다

터무니없는 세계관을 함께 끄덕이다가
혼자가 되었을 때 안도의 한숨을
정체를 알 수 없는 것에 대한 부재를
땀 맛 나는 고군분투

무례하게 아름다운 땀 앞에서
때때로 무뢰하게 다정해지고 싶은 충동
망신과 광신 사이에서 길을 잃고
전신 거울 옆의 기념품처럼
시멘트로 된 길쭉한 고뇌 끝에 빛나는
온통 땀들이 자라난 아파트단지

* 말벗이나 생활 안정을 점검하는 일.

키보드 1

도파민은 쾌락을 지휘해
피콜로(Piccolo)*처럼 재빠르고 민첩하게

답을 찾는 동안 좌절하거나
바라는 걸 기다려야 하는 습관을 잃어버린
쾌락의 이중주

길고 오래 걸리는 것들은 지루해

허연 릴스들이
툭 툭 키보드로 올라와
따분함을 소화시킬 시간을 빼앗아

시간 몇 개를 조절하러 들렸다가
붙잡히기 일쑤

쇼츠,
네까짓 게 하다가
〈

그만 피곤해지지

* 주로 플루트의 보조 악기로서 멜로디의 음향을 화려하고 격렬하게 강조하거나 뚜렷한 인상을 자아내는데 사용된다.

술 1

뜨거운 다리미로 각인을 새긴 것처럼
불량한 매력은 날 침범한다

내 안에 또 무엇이 가물고 있나
불안과 갈등의 틈바구니에 핀 꽃처럼
창백하고 구부정한 눈으로
나를 뚫어져라 쳐다보고 있는
그 시선

상실과 결여가 주는 고통이
민들레 씨앗처럼 퍼져
세포 하나하나를 만진다

궁핍과 결핍으로 가득한 것을 지우라고
지루하면서도 재단하는 듯한 눈초리
너무 익숙해져 차갑게 대하지 못하는
……

너는 유리처럼 맑은 손으로
탁류 같은 비탄을 쏟아낸다

술 2

나비처럼 용감하면서도 순진한
불청객

난 널 소유하지 않아
잠시 빌릴 뿐

유효기간이 매일 조금씩 줄고 있어

시동을 걸어 북극광까지 가볼까

만취하여 가로등 아래 고흐처럼 휘청이는
호모에렉투스

주정을 떼였다 붙였다
가시투성이 기억이
다 녹아 짜부라진 아이스크림처럼
흐물흐물

껍데기가 부서진 치명적인 달팽이 같은 모습으로

기어가
오랫동안 연습한 대사마냥
네가 없는 세상은 상상이 안 돼

"아, 깜짝이야!"

그 밤 전부가 빨개진다

윤명규

그해 여름날 외 3편

그해 여름날

그 옛날
녹슨 높은 음자리표 작두샘에는
찢어진 곳
삐삐선으로 얽어 기운
뻘건 색 커다란 고무통이 놓여 있었다

여문 매미 울음이 땅으로 불고
개개비 지저귐이
대밭에 쏟아지는 한여름이면
아버지는 선혈 빛 통속에
삶에 멍든 당신을 씻어 내고 있었다

처서를 네댓새 앞둔 오늘
그를 건너온 반백 머리 한 사람이
붉은 다라이안에 풍덩 주저앉아
식어 버린 제 안에 저를
토렴*하고 있다

* 식은 밥을 데우기 위해 뜨거운 국물로 헹구어 내는 행위.

벌초

생전의 당신께
손발톱 한번 잘라 줄 새 없이
아침볕 서리 녹듯 가셨는데

구월 불 회오리 쏟고 있는 봉분에는
덤벼들기라도 할 것처럼
억새들만 장검 날을 세우고 있더이다

게을러터진 나를 꾸짖듯 말입니다

등에 진 예초기는
심 동맥 찢어지겠다 싶게
발광하며 진저리 치구요

아무리 생각해 보아도
다름 아닌
나를 깎는 일이었습니다

운해

누님 시집가던 그때는
탱자나무 울타리 밑
곰삭은 가을이
수북이 떨어져 쌓여 있었지

펼쳐 논 마당 멍석 위에
막 튼 이불솜이
하얗게 잔털을 뿜어내고

동네 아낙들
빠닥빠닥 풀 먹인
누님 살결보다 더 뽀얀 이불 포를
제 찢어진 가슴 기우 듯
큰 땀으로 시침질 하드라고

설레는 누님 마음처럼
들고 일어서서 너울대는 솜 판들
버선발로 밟아 가라앉히는데
영락없이

드넓은 눈벌판을
날개 펴고 걷는 흰 두루미 같았어

한 여자 긴긴 생애 덮어줄
홑 하얀 그 이불속 운명을
바람인들 알 수 있었을까

빈곤

그 시절 시오리 등굣길
짐받이 자전거는
막걸리통이 바퀴이다

골즙을 짜내며 들고 일어서는
올림픽 역도 선수처럼
주렁주렁 술통을 꿰 달고
장딴지에 힘줄을 세운다

앞뒤로 매달려 구르는 술통들이
배곯은 자식들 머리통처럼
삐걱삐걱 울음을 끼워 넣고

짜디짠 세상 짐 고리에 얹은
허리 짜부라진 바큇살들
궁핍을 톡톡 튕겨내며
찢어질 듯 간다

눈물 흘린 솔방울들이

신작로 코끝에 붉게 여물고

페달을 밟는 아저씨의 무르팍에
겨울 빈 수수밭 바람 소리
등골을 우려낸다

이서란

뭔들 외 3편

뭔들

어제는 미끄러져 빠져나가고
나는 모란앵무의 표정을 닮아가고 있어요

잘 구워진 저녁을 멋지게 이륙하는 사이
바람은 얇게 저밀수록 빨리 젖어 들어요
어제가 없는 오늘을 키울 수 있을까요

뼈로만 어루만진 사과나무를 타고
새장을 오르내리며 둥지를 틀어요
둥지에서 날개가 자라요

날개는 사람을 낳았어요

날개 달린 사람,
새들에게 미래를 약속해요

문을 열자 포효하는 새 떼들
거리를 누비며 돌아다녀요

모자母子 관계

새벽녘,
아르바이트를 마치고 돌아온 아들

호주머니에서 별들이 잘그락거린다

기다리다 소파에 잠든 어미 깰까
깨금발로 살금살금
라면 봉지 여는 소리가
차가운 어둠을 데운다

허겁지겁 후루룩
간신히
매화 꽃봉오리 한 잎 쏘아 올리고
훌쩍이는 소리

뒷모습 바라보는 실눈
슈퍼문을 따다
걸어 두고
붉은머리오목눈이도 불러 모은다

뒤편이 오래도록 환하다

광대

베르베르 뷔페*는 그의 얼굴을
발그레한 코, 칭칭 감은 눈으로
하얗게 물들였다

코가 붉으면 마음도 피 흘리는가
지그시 감은 한 쪽 눈은
언제나 시간의 과녁

광대의 속성은 감추는 데 있다
드러내고 싶지 않은 각주다
슬픔을 건드리지 말라는 메시지이기도 하다

감추고 있던 몹쓸 마음이 나비인 양 펄럭인다
방아쇠를 당긴다
미워하는 것들이 오뚜기처럼 쓰러졌다가
그 자리에 다시 선다
쓰러지고 또 쓰러져도 일어나는 마음
마구 총을 쏘아댄다
〈

침묵 같은 볕살을 입에 물고
좀처럼 명중되지 않는 과녁
음식물 쓰레기처럼 오래된 골목길을
털어내며 배회하고 있다

* 프랑스의 화가.

째보선창을 구독하다

일 년 삼백육십오일 눈 내리는 바다
마음이 간지러워요

몸을 한껏 부풀린 괭이갈매기
스크루에 걸려 왼쪽 다리가 사라졌어요
정물이 된 외다리 갈매기
출렁이는 세상이 무서워요

의식과 가식 사이 가십거리
자유롭게 날아다니는 새들 사이
부잔교 위 시선은 흔들리고
붉어진 날개 뒤
뿔이 돋아나기 시작했어요

힘찬 날갯짓에 선박은
창공으로 날아올라요

김차영

고쟁이 외 3편

고쟁이

할머니의 골마리 속에는 커다란 주머니가 있다
얼마나 큰 것인지 알 수 없지만
환한 밤에 달도 별도 구름도 담겨있는 우물같이
깊고 깊을 것이다
할머니의 손이 골마리에 들어갔다 나오면
달달한 알이며 별이며
동전으로 된 다보탑도 나오는 것을 본 적이 있다
어느 날은 지전으로 된 자전거를 꺼내 아버지에게
주기도 하고
소도 돼지도 튀어나왔다
가냘픈 체구에 큰 주머니를 지니고 다녀서 그런지
할머니의 허리는 자꾸만 굽어졌다
요즘 부쩍,
등골이 휘는 나
골마리에 손을 넣어 더듬어 본다
만져지는 건 불알 두 쪽뿐

본드

입안에서 겉돌던 알랑미 같은 서방
사십 년을 잘근잘근 씹어댔다
이제는 이가 시원찮아 오물거리는 것도 힘든데
너무 씹어댄 탓인지
흐물흐물 해지면서 요즘은 찰기가 넘친다
너무 찰진 나머지
그렇게 따로 놀던 서방이
밥풀처럼 온몸 여기저기에 붙어
이제는 떼어내는 게 힘들다
마트에 가려고 문을 나서면
언제 붙어 나왔는지 뒤에 딱 붙어있다
산책이며 교회며 심지어 친구들 모임에까지
초강력 울트라 돼지 본드가 되어 붙어 다닌다

염병할,
작작 좀 씹을걸

노을 한 점

오늘은 소 잡는 날
단골 식당 유리창에 기대선 문구가 윙크를 한다

지정석에 앉자
심신이 허덕이는 날에만 찾는 메뉴가 나온다

핏물이 뚝뚝 떨어지고
선홍빛 살 사이로 뽀얀 허공이 마블링 된

영혼이 허기질 때
가슴으로 되새김질하는

해 질 녘 수평선 위에 펼쳐진
투 플러스 노을 한 점
꼭꼭 씹어 먹고 있다

연기 연습

장터 모퉁이에 사람들이 몰려있다
허연 수염에 남루한 도사의 날개를 걸치고
조릿대를 손에 든 노인
고슴도치에게 담배 한 개비, 담배 두 개비, 담배 세 개비
무려 열 개비를 물려준다
가시를 바짝 세운 고슴도치
빨아들이기만 하지 내뱉지를 않는다
이 모습에 구경꾼은 더욱 늘어나
신바람 난 노인 조릿대를 두드리기 시작한다
중중모리에서 휘모리장단으로 넘어갈 때
구경꾼을 쓰윽 스캔한 고슴도치
함초롬 수선화 같은 여인을 향하여
하트를 **뽕뽕뽕** 연속해서 뿜어대는 것이다
얼굴 빨개진 여인이 할머니 등 뒤로 숨어들자
이번엔, 동그란 도넛을 만들어
물수제비 날리듯 펑펑펑 할머니에게 보내는 것이다
이 연기에
사람들 만병통치약 하나씩 사 들고 가고

〈
나 또한 연기에 홀려
하트나 도넛이 아닌 세상을 만들 요량으로
아버지 환희 담배*를 몰래 훔쳐
연기 연습한 시늉이
지금도 이어지고 있는 것이다

* 전매청에서 1974년부터 1988년까지 판매한 값싼 담배 이름.

김충래

내 몸에 핀 꽃 외 3편

내 몸에 핀 꽃

중복이다

꽃도 지쳐 시들 거리는 날
능소화 애처롭게 핀 옻닭집
포실한 살점을 뜯는다

다음날
뜨거워지는 몸뚱어리
근질근질 열꽃이 피기 시작한다
어디 필 장소가 마땅찮아
내 몸을 숙주로 울그락 불그락
살갗에 기세등등 만개인가

구애라도 하겠단 말인가
잘못된 생각이 꽃을 피운 듯
나비는 오지 않는데 맹렬하게 번진다
붉은 점점이 간지럽고
껍질이 한 꺼풀씩 벗겨지고 난리다
천근만근 어깨를 누르는 무게

갈비 하나하나 파고들며 낄낄대는 꽃
가시까지 돋아 바늘로 쑤신다

화무십일홍이라 했다
기왕에 핀 꽃이니 놀다 가거라
가슴까지 열어 안아줄까

근데, 흔적은 지우고 떠나길
잊히고 싶다 너에게
찬물을 열대야 퍼붓고 싶은 더위
이열치열이라고
어거지 좀 그만 부리고

말복이다
식탐이 피고 지랄이다

애국자 코스프레

경고;
"지나친 음주는 뇌졸중, 기억력 손상이나
치매를 유발합니다"

그럼 지나치지 말고 술잔에
코 박고 있으란 말 아닌가
술병에 적은 맹랑한 문구
쐬주 서너 병쯤 마시면
지극히 옳은 말씀인 줄 알고
감격해 홀짝홀짝 껌뻑거린다

실행하는 자만이 누릴 수 있는 취권醉權
주변酒邊에 머물며
수십 년 겹겹에서 첩첩으로 고수처럼 휘날리니
이 또한 즐겁지 아니한가

주책酒策없다 하여도
주사위만 던지면 한쪽으로
기울어지니 마르고 닳도록

酒님을 위해 충성할 수밖에
애국이란 결국 술 한 잔의
거리에서 완성되는 것
결코 내가 좋아서 마시지 않는다

자, 같잖은 나라를 마시며
취한 자는 외친다
부국富國과 강병强兵을 위해
이 한 몸 실컷 두들겨 맞아도
전진의 입술을 술잔에 꽂아라

술병에 별이 뜨고
그 빈 잔엔
국가의 그림자가 출렁인다

소금 2

한 됫박 팔아서 밑천이 되지 않는데
그것조차 못 팔면서
서 푼어치도 안되는 자부심에
고독을 장사하고 있지
적어도 자신은 썩지 않는다고
고상한 척하지만 속은 구리지
3% 짠물이 바닷물을 싱싱하게 만드는 것은
하루 70만 번 몸을 뒤집어서 소리치는 아우성이 있지

햇빛 알갱이와 바닷물의 속삭임
팡이팡이 곰팡이도 슬지 않고 분열과 응고를 거쳐
소금 같은 언어로 거짓말 같은
시를 침전시킨다고 밀고 닦고 추스리지
고문 같은 희망에 詩냐 막걸리냐
걸러내고 걸러내는 염부鹽父
시대에 방부제라며
정제염 같은 소리 해봐도 부질없지

그래도 번지고 스밀 수 있다면

소금꽃 하얗게 사라지더라도
하루 십만 번씩 뛰는 심장의 물결 소리를
느끼기 위해 몸부림이지

또 내 生에 이만한 것이 있겠냐면서

상처가 허물은 아니다

25cc 무동력 바퀴 달린 바람개비*
간은 부었고 설렘은 허파 가득
공중을 날아간다
찰과상 입은 공기의
비명소리는 속도를 더 당긴다
솔개를 추월하며 더 높이
깃을 출렁이는데 느닷없이 나타난
허리 굽은 백로白鷺
방향을 돌리다 급히 추락이다

아, 날개가 없다
곤두박질에 내동댕이
도로에 박피 수술하며
얼의 골을 갈았다
넘어진 김에 한숨 잘까
가을배추라도 심을까
詩라도 파종할까
거름 살살 뿌리니
상상력이 쓰리고 아프다

〈
울음과 웃음이 새끼줄같이 꼬인 타래에서
까불지 말라며
주제 파악에 나이 공부 좀 하라신다
아픔이 살이 될까
상처가 염천에 뒤집혀도 계절이 바뀌면
여전히 철들지 않을 텐데

그래도 훗날 돌아보면
그때가 절정이라 말할 수 있을까
놓았거나 놓쳤거나 한
쪼잔한 시간의 부스러기들
그 허물이 벗겨지면 탈피할 수 있을까
혓바닥 늘어뜨리며 파닥거렸던
그날이 자기 덫의 함정일까

* 본인이 타고 다니는 산악자전거를 일컬음.

문화인

하루 외 3편

하루

질주하는 검은 바퀴들 사이로
작은 별들이 우르르 흘러 다닌다

천둥과 번개가 일상인 곳
집채만 한 은빛 동그라미들이 와서 멈추면
많은 먹거리들이 따라 흘러내리는
고속도로 휴게실 주차장이 새들의 삶터다

바쁜 동그라미들이 다 멈추기도 전
햇살처럼 떨어지는 먹이들 쫓아
재빨리 다리를 넣고 고개를 깊숙이 밀어 넣는다
이마저도 경쟁이 치열해진 지 오래
눈이 흐리고 청력은 떨어져
순간에 시멘트 바닥에 로드킬이 되기도 한다

한때 풀들의 멋진 별이었고
공중의 쉼표였던
아련한 기억은 너무 멀다
한 치도 용납할 수 없는 곡예를 넘으며

유리병처럼 몸을 굴리며 산다

고단한 하루가 문을 걸고
달리던 동그라미도 긴 속도를 접을 때면
참새들은 피붙이처럼 검은 바퀴를 베고 잠이 든다

밤새 겨울비가 내리고 잿빛 시멘트 위에는
새들의 숨과 빗방울의 화음이 푸른 안개꽃으로 피어
난다

먼지

구석구석
개미집 수 채 지어놓았다

알이 깨어나
창틀에 터를 잡아

30년 세월
먼지가 흙이 되고

그 흙 속에
꿈이라던가 눈물이라든가 그리움 조각들

촘촘히 그려놓았다
되돌아갈 길도 그려놓는데

쓱–
걸레가 한 번 지나가는 시간에

그 여름의 비망록

매미의 탈이 걸려있다
잃어버린 고뇌일까 다시 감을 수 없는

말랑한 땀의 실한 집이었을
낡은 짚신
벗어
고무나무 등걸에 마침표로 걸어놓았다

걷기밖에 모르던 삶의 톱니바퀴
촉촉이 적셔주던
새벽을 여는 이슬이었지

습한 골목을 지키며 군불을 피워내던
지난한 생의 가슴 아린 아궁이였지

더운 꿈이었던 빛바랜 가옥
저문 들녘에 홀로 기울어 눕는데

찌르레기 힘겨운 울음이었다가

어두운 벤치의 야윈 기다림이었다가

칸칸이 생의 숨결을 조벽하면서
온기 옮겨 오늘 네 핏줄에 흐른다

떠나간 푸른 매미가 돌아올까
꺼진 등불 빈집에 높이 달아 놓고

쉼표로 걸음 옮겨 야생을 길어 올린다

낮은음자리

울긋불긋 헤어핀 꽂고 반짝이는 가죽 재킷을 걸쳤다
잘록한 허리에 끈질긴 다이어트는 필수

힘껏 뽐낸 둥근 코뚜레는 마냥 눈부셨고
울타리 안을 맴도는 제자리걸음은 우아한 자태를 뽐냈어

레어로 할까 미디엄으로 할까 고급진 스테이크
지중해산 향료와 꽃과 과일의 화려한 플레이팅

노동의 값비싼 댓가를 호기롭게 향유하며
흥에 취해 대로를 멋지게 걸어가는데

갑작스레 휘몰아 온 차가운 겨울비에
잿빛 하늘은 급히 다른 음역대의 낮은음을 연주한다

밤새
길게 자란 슬픔으로 퉁퉁 부은 두 눈이 나를 바라보는데

뭐야?, 네가 내 울음을 울었던 거니?

은정희

추억의 잠자리표 가위 외 3편

추억의 잠자리표 가위

지금도 그대로인 혼수품 반짇고리에
촘촘히 박혀 있는 어제가 오글오글합니다

통증으로 저무는 하루를 잘라내고
파란 내일을 도려 안던 추억의 잠자리표 가위
쇳물 내 선명한 돋새김에 긴 호흡이 머뭅니다.

이른 계절에 핀 꽃이라서였을까
휘몰이 바람에 많이도 흔들렸습니다.

빛이 없는 터널 속에서도 부화하는 욕망
여자라는 업의 굴레 가위질을 하며
등 기대어 쉴 수 없는 위안을 잃어버린
빙하의 뜰

좁은 문 통과하기 힘겨울 때마다
자장을 잃어가는 박제된 문장들
돌아누운 등 뒤에 고깝던 울음이
빼곡했습니다

〈
겹겹이 밀려드는 외풍에
덧댄 문풍지 같은 날들
명문가 자녀란 허울이 발목을 잡던
명품 가위로도 자르지 못한 인연이란 질긴 매듭

매듭은 가위질이 아니라 풀어야 하는 것을
제대로 코뚜레 꿰인 세월이 눈뜸입니다.

땅끝마을

고요히 정박해 있는 섬 같은 요양 병동
숨 가쁘게 달려온 생들이 담보되어 있다

안내하는 여자의 눈빛은 젖과 꿀이 흐르는
가나안의 땅
그녀의 입술에선 천상의 꽃들이 핀다.

시든 몸을 휠체어에 의지한 채
쥐어짠 수건처럼 물기 없는 얼굴
파리한 손가락

와락
끌어안은 자전을 멈춰버린 품에서
마른 바람 소리만 바스락거린다

뜨거운 이름들은 멀리 있고
식탁에 밀쳐놓은 식은밥 같은 몸
다시없이 좋다는 곳에서 바라보는
서로의 눈은 왜 젖는가

〈
난 순간을 대생한다
그녀가 뜨거운 밥이었을 시절을

미래를 넘겨다본 여자가
푸성귀처럼 펼쳐 놓는 말
우리도 다들 오게 될 거라고…!
저승의 사투리가 주리를 튼다.

바람의 기억

- 물 한 그릇 마실 수 있을까요
귀 설은 염불이 끝난 뒤였다
고개만 끄덕인 소녀는 뒤뜰 우물로 갔다
물 한 그릇 다 비우는 스님
바람도 걸릴 듯한 속눈썹
울 넘어 들녘을 내딛던 그늘진 눈빛
서툰 몸짓으로 이름을 묻는 둠벙 같은 미소에
가슴이 쿵!
먹물 옷에 뾰족이 돋아나는 쓸쓸함
소녀는 말을 잊은 채 망부석이 되었다
보릿고개 허기진 바랑에
쿵, 소리
탁발해 갔을까
걸음걸음 풀냄새 흘려놓고
총총히 멀어져간 스님
대문 틈새에 낀 눈은 스님의
뒷모습을 쫓아가고 있었다
성긴 세월 마음 없이 보낸 마음이
턱 높은 계절을 지나

목적 없는 산사에 봄볕 수북한 날
목마름을 적시는 조롱박 물에
퐁당!
보리누름 허망한 무렵이 낯가림도 없이
바람꽃처럼 피어나는 갈래머리 적 그날

가방

언제나 나와 함께해 온 가방 하나 있지

木 火 土 金 水, 초록이 흐르는 길에
빠르게 읽어버린 욕망이란 이름

별은 하늘에서만 빛나지 않아
잠을 자야만 꿈을 꾸는 건 아냐
낭만과 이상이라 구겨 넣고
별들의 새로운 문장이라 구겨 넣고

金 木 土 水 火, 치고 드는 역풍의
살을 맞아 찢기는 살점
허망이란 이름으로 휘청이다
거꾸러진 몸

피돌기 딱정이로 군데군데 눌러 붙어
솜씨 좋은 갓바치 손에 잘라내고 이어 봐도
구겨지는 디자인
빛깔 좋은 날들은 귓등에 매달린 허명일 뿐

〈
세월에 낡아 보풀이 이는
헤진 천 조각 같은 헐거워지는 무게를
덤덤히 손잡고 가는 질긴
가방 하나 곁에 있지.

■□ 해설

바다, 그 영원한 생명의 시에 이르는 길

박성현(시인)

　시는, 언어가 예술로 고양되는 순간의 완전함이다. 언어 속에서 시는, 일상의 평범하고 단순하며 거칠고 차가운 의미들을 구원하면서 신의 영역으로 한발씩 나아가기 때문이다. 빈틈없이 견고하게 축성된 말들의 고유한 움직임은 인간의 정신을 새롭게 일깨우는데, 이때 우리는 어떤 이유로든 혼탁해진 육체를 발견하며 순백의 원시原始로 돌아간다. 이른바 시는 예술에 의한 영혼의 정화가 시작되는 경계인 것이다.
　옛날로부터 이어진 예술의 주된 사명 중의 하나는 '카타르시스'다. 이 단어는 아리스토텔레스가 정식화한 것으로, 잘 알려진바 인간의 내면에 도사린 우울하고 슬프고 참혹한 감정을 문학에 등장하는 숱한 인물들로 이입을 통해 다시 살면서 자연스럽게 해소되는 사태를 지칭한다. 이를테면, 고대 그리스 비극의 인물들 대부분은 현실의 가혹한 운명에 극단적으로 방치된 채 끝 모를 한계까지 치닫게 되는데, 이때 관중들은 그들이 당하는 고통과 그럴 수밖에 없는 가혹한 처지에 울고 웃는 과정에서 자신도 모르는 사이에 내면에 쌓인 독소들을 '치유'한다.

이와는 결이 다르지만, 카타르시스가 순식간에 터지는 또 다른 예도 있다. 우리는 날것 그대로의 '자연', 곧 난바다의 엄청난 위력이나 거대한 산맥의 끝없는 펼쳐짐과 같은 풍경 앞에서 스스로 잃어버릴 때가 있는데, 우리는 기묘하게도 모든 인간적 감정을 초월하는 일종의 코마 상태에 방치되고 만다. 절대적으로 큰 것을 경험하는 상태에서는 순간 감각의 모든 기준을 넘어선 감관感官이 좌초되면서 인간의 상상력과 지성 또한 일시 정지되는 파쇄-감정을 겪게 되는데, 이것이 칸트가 말한바 '숭고미'다.

당연하지만 카타르시스가 발현되는 이 양상-등장인물에 대한 감정이입과 거대한 대상과의 마주침-이 절묘하게 교차되는 예술 장르가 문학이라는 사실은 부정할 수 없으며 특히 시는 이 사태를 가장 첨예하게 드러낸다. 시는 언어가 그 고귀한 아름다움을 발휘할 수 있도록 거의 모든 방법을 강구한다. 시의 언어는 까마득한 계곡처럼 대상을 급격히 잘라내거나 깊은 바닷속을 유영하듯 대상의 수위를 함축한다. 단어와 단어, 혹은 문장과 문장의 경계를 없애 대상 고유의 유일한 심연을 만들며, 빛과 어둠의 대립을 더 명징하게 하거나 아예 없애버림으로써 이전과는 전혀 다른 대상을 빚는다. 결론적으로 시는 대상을 새롭게 축성하는 '낯설게 하기'의 최대치다.

*

 본격적인 논의에 앞서 한 가지 더 살펴볼 게 있다. 시의 언어는 자체 회전력으로 스스로 움직이며 자체적인 복원과 확장을 지속한다는 점이다. 언어는 '시'라는 특수한 시스템에서 성장하며 동시에 다른 문장들과 교유交遊한다. 비유하자면 하나의 인격으로 다시 태어나는 것이다. 하나의 문장이 천 개의 의미를 내포할 수 있는 이유가 여기에 있는바, 독자들은 작품을 읽으면서 감정이입 혹은 (그것과의) 일정한 거리 두기를 통해 이제까지 경험했던 자신의 언어—기억들과 뒤섞는다.

 요컨대, 문장—이미지들은 독자에게 '숨'과 '결'로 작용하면서 그의 고유한 호흡이 된다. 아무리 먼지가 자욱한 서재에 방치된 낡은 시집이라 해도 그것은 마치 동면에 든 몸이 생명 유지를 위해 각자의 영역에서 활동을 지속하듯 의미들을 제어하면서 그 감각을 유지한 채로 현존한다.

  물론 시의 언어는 시인의 손끝에서 비롯된다. 하지만 그것은 단지 실마리를 잡은, 보물이 숨겨진 동굴의 입구에 다다른 것일 뿐이다. 하나의 문장은 다른 문장으로 미끄러지고, 그 문장이 불러오는 사유—이미지에 스며들며 언어의 물결을 만든다. 미지의 행성에 정착한 미래의 인류처럼 아주 멀리 밀어내는가 하면, 책상 등이 비추는 사물의 범위 내에서 그 사물—들을 더욱 정교하고 섬세하게 포착한다. 그 속도는 측량하기 어렵다. 좀처럼 열리지는 않지만 한번 열리면 문장—들은 계절의 순환만큼 아주 느리거나 지구의 공전처럼 어지러울 정도로 **빠르게** 퍼진다. 이것이 시작詩作에 내재한 매혹이다.

*

  이번 '군산시인포럼'이 그린 시의 지형도는 민용태 시인이 정식화한 것처럼 정화와 성찰의 바탕으로 '바다'라는 숭고한 자연에 집중하고 있다. 포럼이 독자들에게 펼치는 바다는 절대적 크기의 숭고함으로 시작한다. "나/ 섬/ 설 곳 없다// 섬은 갈매기 똥/ 황소고집이 집을 짓는다/ 물결 위// 나는 없다/ 바다는 이미 하늘로 가득 찼다"(민용태, 「섬」)는 문장에 잘 나타나듯, 그 압도적인 풍광 앞에 속수무책으로 노출된 주체와 그것에 녹아드는 '자아-의-없음'이 작품집 전체를 지배하는 기조라는 것.

이러한 사태는 시인을 비롯한 독자의 감각 기관을 파고들며 오감의 새로운 배치, 곧 "울음으로 물결이 출렁인다 소리도 가슴으로/ 듣는다는 것을 그때 알았다"(손현숙, 「바다, 저 건너에서 누가 온다」)라는 직관의 초월성을 정확히 짚어낸다. 더욱이 손현숙 시인은 작품의 말미에 이르러 "밀물 때가 되면 바다는 천천히 몸을 연다 눈을 감고 먼 곳을/ 보면 들리는 소리, 물의 깊이로 가면서 오는 사람이 있다"면서 니체의 '영원 회귀'(ewig wiederkehren)—'존재는 자신에게 반복되는 에너지를 통해 무한한 시간을 가로질러 무한한 횟수로 돌아온다'—가 단지 허황한 꿈이 아니라는 것을 노래함으로써 또 하나의 기조를 만들고 있다.

이와 유사하게 "손을 넣고 휘휘 젓다가/ 발을 꺼낸다/ 두 발은 두리번거리다,/ 왼발은 숲으로 오른발은 바다로// (중략) // 무엇을 꺼내도 나로부터 달아나는// 빛은 흩어져 있는 뼈와 심장과 귀들을 끌어당긴다/ 잠 깨면 바다와 사막과 행성 냄새가 난다/ 눈, 발, 가슴 한 쌍은 서로를 바라보지 않는다/ 손목과 손가락/ 종아리와 발목/ 입술과 혀는 붙어서/ 서로 다른 생각에 잠겨 있다"(「왼발은 숲으로 오른발은 바다로」)라고 노래하는 김유자 시인은, 자신의 독특한 문장을 통해 '숲'과 '바다'가 모든 현존의 대칭적 구조를 이루며, 이러한 양가성이 생활과 실존의 조건이라고 웅변한다.

전재복 시인도 마찬가지. 시인은 바다를 내면화된 제2의 자아로 상징화한다. 다만 이 과정에서 시인은 "팽만한 배를 견디기 버겁거나 참을 수 없이 비위가 상할 때 변기를 거꾸로 끌어안고 토악질을하곤 하지. 반쯤 녹아버린 동물의 뼈들, 못 감은 애꾸 눈, 팔딱이는 반쪽의 심장이 마구 쏟아져 나와. 재활용도 가능할 플라스틱 덩어리도 산만큼 게워 냈네."(「비틀거리는 바다」)라고 고백하면서 그동안 참아냈던 삶의 고통과 통증, 상처와 흔적들을 쏟아내는데, 이러한 사태를 통해 주체에게 봉인되었던 카타르시스는 다시 분유한다. 그리하여 전재복 시인은 "내 영혼은 아직 식물성! 식물성! 식물성 주문을 외워. 한도 초과한 몸뚱이의 주인이 아직도 나인 줄은. 두터운 비계 층을 받치고 있는 질식 직전의 늑골을 만질 때야. 욱신대는 사색의 푸른 갈비뼈! 아, 얼마나 다행인지! 죽어가는 심장을 서둘러 이식해야겠어. 다시 힘차게 뛸 수 있기를, 잎새 너울거리는 나무도 무성하게 자라날 수 있기를" 희망할 수 있는 것이다.

*

태고로부터 시작된 바다는, 생명의 근원이자 모태이며

인류의 삶을 한층 더 고양하는 감각과 사유의 중추이기도 하다. 선사先史가 지층의 누적과 무수한 화석을 통해 고요히 들려주고 있듯, 지구상의 모든 생명이 바다로부터 비롯되었다는 사실 하나만으로도 '바다'는 절대적 존재자로서의 위엄을 갖는다. 하지만 영겁에 가까운 시간을 보내는 동안 바다는 모태(혹은 '어머니')로서의 상징만이 아닌, '시련'과 '고통', 무지막지한 '공포'와 치유되지 않는 '상처', 그리고 '적멸'과 '죽음'이라는 이율배반은 물론 인류의 소소하고 구체적인 일상이 스미든, 실존의 터전으로도 등장한다.

이처럼 '바다'는 무수한 의미-가지들을 산발하고 증식하고 확장하면서 우리와 함께 영원을 호흡하는데, 특히나 군산시인포럼의 작품들은 후자에 치중되고 있다. 이는 바다와 삶을 일치시키면서 끝없이 소통하고 교감하며 때로는 거울처럼 자아를 대칭하는 태도로서, 나채형 시인이 "잘 참고 견디어냈어"라고 고백하는 그 울음의 너머에서 여실히 드러난다.

　　잘 참고 견디어냈어

　　고통의 시간이 아닌
　　바다에 긴 항해 중이었어
　　〈

가늘게 날숨 고를 때

냉랭한 기운이 감돌고 있었지

하얗게 부서진 파도에 휩쓸려

사라져 버릴 것 같은

절박한

끼룩끼룩 모여왔다 날아가는

갈매기의 꿈을 꾸고 있었어

더러움에 적응 못 하는 성깔

닦아주고 씻어주는 일상의 그림자로

철썩철썩 숙성의 고찰考察 시간이었지

하늘이 캄보디아 승려복 색깔 되고

병실 환우들의 쓰레기통에 처박은 머리

천의 얼굴을 가진 바다

찰나의 순간

등대 불빛마저 정지되어버렸어

　　　　　　ー 나채형, 「인고의 바다」 전문

　시인은 "고통의 시간이 아닌/ 바다에 긴 항해 중이었어"라고 말함으로써 그 고백을 상징으로 고양한다. 이 상징은 시인의 육체에 각인되면서 서서히 깊어지고 종국에는 기관처럼 고착되어 완전히 지울 수 없게 된 일종의 '주술흔呪術痕'이다. 때문에 "잘 참고 견디어냈어"라는 문장이 단지 신세 한탄이 아닌 '울음'을 함축한 뚜렷한 자기 확신의 면모를 갖는다.
　더욱이 그는 구체적 고통을 나열하기보다는 폭풍 속의 광포한 바다 이미지를 삽입함으로써 자신에게 내재한 감각과 사유의 범위 확장을 도모한다. 그 시작詩作은 다음과 같다ー"하얗게 부서진 파도에 휩쓸려/ 사라져 버릴 것 같은/ 절박한" 시선이 앞 문장의 '냉랭한 기운'이 다음 문장의 '갈매기의 꿈'으로 미끄러지듯 대칭된다는 것. 이러한 확장성은 "더러움에 적응 못 하는 성깔"을 가진 자아가 이물異物을 정화하는 '바다'의 이미지를 끌어내는 데 결정적으로 기여한다.
　분명 시인에게 바다는 "닦아주고 씻어주는 일상의 그림자로/ 철썩철썩 숙성의 고찰考察 시간"이다. 바다로 대변되는 인고忍苦는 바다 그 자체로서 해소된다. 비록 "병실 환우들의 쓰레기통에 처박은 머리"처럼 시인이 처한

현실이 제아무리 비극적이어도 바다가 그러하듯 시인은 초연할 수 있다. "날 선 바람에 퍼렇게 멍들어도/ 강인한 인내로 순응하며 제자리에서// 휘어갈 줄 아는 곡선의 행로"(「풀—곡선의 미학」)와도 같다. 그리하여 하늘은 푸른 빛을 띠다가 그 자체의 인과로서 서서히 황혼—"캄보디아 승려 색깔"—으로 자리를 옮기는바, 시인에게 바다는 종교적 엄숙함으로 고양된다.

    그의 몸짓은 늘어진 테이프처럼 둔하고 느릿하기만 하다
    평화롭고 조금은 권태스러운
    도망자를 숨겨놓은 어머니처럼 침착하고 고요하기까지 하다

    저런 앙증맞은 여유를 데리고
    그는 나를 만나러 온다
    어쩌면 그 여유를 연습하느라 이토록 늦게 도착하는지도 모른다
    기다리는 동안 그 무심함이 불안하다

    작은 물고기들이 가을 새 떼처럼 우수수 몰려와도
    나는 초롱초롱 그만을 응시한다
    〈

섬 사이로 서서히 걸어가는 그를 허둥지둥 따라간다

어쩌면 그를 놓칠지도 모른다는 생각에 숨이 탁 막혀 온다

그는 예전부터 잘해 온 일, 내 앞에서 사라져 버리는 것에 충실할 뿐이다

그에게 아무것도 아닐까 봐 어깨가 들썩인다
— 문화빈, 「해무 1」 전문

문화빈 시인의 '바다'는 '해무'로 표상되고 있지만, 시인의 일상이 고스란히 축적된 또 하나의 '문화빈'으로서의 역할도 한다. 이른바 세속화된 세계 속에서의 '또-다른-세계'라는 것. 이는 해무(혹은 바다)의 내재적 좌표가 푸코가 강조하는 '헤테로토피아'에 잇닿은 것으로, 시인에게 유년의 다락과 같은 다정하고 따뜻하며 유일한 장소로서의 속성을 갖도록 한다. 바다로부터 끓어오른 해무는 "평화롭고 조금은 권태스러운/ 도망자를 숨겨놓은 어머니처럼 침착하고 고요하기까지 하다"는 문장처럼 공중을 낮게 떠돌면서 주변 섬들을 넉넉히 감싸는데, 이때 물렁물렁한 회색의 고립에서도 시의 언어는 모성에 가까운 빛을 발한다.

특이한 것은 그가 바다를 3인칭의 좀 더 포괄적이면서도 모호한, 그러나 매우 구체적인 관찰의 대상으로 삼

앉다는 점이다. 물론 눈부처가 그러하듯, 시인은 '그'를 바라보는 시선 속에서 자신의 모습을 찾아내기도 한다. "늘어진 테이프처럼 둔하고 느릿하기만 하"는 그의 몸짓이 시인에게는 어머니와 같은 넉넉한 '여유'로 보이는 이유다. 이 여유는 "단순함에서 나오는 깊이감"이며 "그 특이한 깊이감은/ 바로크적이면서 연약하다 연약함에서 나오는 지혜/ 그것은 고요한 공기 중에 녹아들어/ 아무것도 몸부림치지 못하게/ 모든 것에 휴식"(「해무 2」)을 준다. 그리하여 시인은 "저런 앙증맞은 여유를 데리고/ 그는 나를 만나러 온다 / 어쩌면 그 여유를 연습하느라 이토록 늦게 도착하는지도 모른다/ 기다리는 동안 그 무심함이 불안하다 // 작은 물고기들이 가을 새 떼처럼 우수수 몰려와도/ 나는 초롱초롱 그만을 응시"할 수 있는 것이 아닐까.

이러한 시선의 움직임은 시인의 마음에 동요와 파문을 일으킨다. '그'가 시인에게 왔고, '나'는 "초롱초롱 그만을 응시"하면서 "섬 사이로 서서히 걸어가는 그를 허둥지둥 따라간다." 다른 일이 골몰할 때가 많아 "어쩌면 그를 놓칠지도 모른다는 생각에 숨이 탁 막혀"오지만, 또한 언제 그랬냐는 듯 "내 앞에서 사라져 버리는 것에 충실할 뿐"이지만 그의 뒷모습을 바라보면서 해무의 저 깊숙한 곳—바다의 헤테로토피아로 들어가는 것은 시인으로서는 앞서 언급한 '또–다른–세계'를 축성하는 성찰의 길이다.

    얼얼하게 눈먼 동태
    생태인지 코다리인지
    겹쳐 보이는 세상 안갯속이다

    심해에서 떼 지어 놀던 친구들 흩어지고
    덕장에서 황태처럼 얼었다 녹은
    몸의 기억만
    이명으로 울고 있는데

    명란젓같이 짭짤한 세상
    곤이처럼 꼬이는 일상
    실컷 두들겨 맞은 먹태에
    노가리 까며 주절거리다
    속살 같은 백태 해장국은
    해장술로 또 줏대가
    무너지게 하는데

    제사상에 떡하니 한자리 버티다가
    뻣뻣하게 마른 생각의 북어
    대들보 실에 묶여 음복을 빌고 있는
    〈

나는 대체 누구로 우는 것인가

　　　　　　　　　　— 김충래, 「명태」 전문

　명태는 바다에 산다. 이 단순하고도 명백한 사실은 명태가 바다를 벗어나서는 살 수 없는, 오로지 바다만을 생명의 터전으로 삼는 생물임을 새삼 강조하는 것이다. 하지만 이는 작품의 극적인 반전을 최대치로 이끌어내기 위한 시적 방법론일 뿐이다. 시인은 '명태'를 통해 생명의 도약이 어떻게 가능한지, 그리고 그 무한한 확장과 지속이 함축하는 것은 무엇인지를 우리에게 일깨우고 있다.

　그물에 잡힌 명태는 자책할 틈도 없이 갑판에 던져지고, 곧바로 냉동 창고로 들어간다. "얼얼하게 눈먼 동태"가 되는 것이다. 때에 따라서는 '생태'가 되고 '북어'나 '황태', '먹태'와 '코다리'도 된다. 이중 어떤 이름도 명태라는 본향을 부정하지는 않지만 그럼에도 이미 '도약'은 시작되었다. 정체성이 여러 갈래로 분기된 후의 명태가 세상을 바라볼 때 안개 속에 방치된 듯 여러 겹으로 중첩되어 보였던 이유가 예의 '도약' 때문이다. 이름이 가지는 기묘한 중압은 두 번째 부여된 이름에 따라 명태를 전혀 다른 생명-체처럼 보이게 할 수 있으며 이때 명태는 이들과 함께 더욱 포괄적으로 변형된다. 마치 '바닷가 라면'이 "참꽃과 할미꽃, 농게와 생굴을 진득하게 끓여낸/ 짬뽕 국물"(「바닷가라면」)로 변신하는 것처럼.

  심해에서 떼 지어서 놀 때와는 달리 덕장에서 극심한 칼바람을 맞으며 얼었다 녹기를 반복한다. 얼마만큼의 시간 동안 허리를 꼿꼿이 세운 채로 서 있어야 하는지 모른다. 영하 15도를 오가는 날씨에 몸은 아예 '이명'이 터지는 울림통처럼 텅텅 비고 있는데, 가혹하게도 세상은 명태의 울음에 관심을 두지 않는다. 가물가물하지만 명태의 삶은 "명란젓같이 짭짤한 세상/ 곤이처럼 꼬이는 일상"이다. 여기서 첫 번째 반전─명태는 "실컷 두들겨 맞은 먹태"와 같은 우리 아버지의 모습을 띠게 된다. 이를 증명하듯, 시인은 노래한다─"노가리 까며 주절거리다/ 속살 같은 백태 해장국은/ 해장술로 또 줏대가/ 무너지게 하는데// 제사상에 떡하니 한자리 버티다가/ 뻣뻣하게 마른 생각의 북어/ 대들보 실에 묶여 음복을 빌고 있는// 나는 대체 누구로 우는 것인가."

  여기서 명태는 자신의 페르소나이면서도 누대로 이어져 온 가장들의 치열하고 고립된 삶의 또 다른 세계이자 "하루 십만 번씩 뛰는 심장의 물결 소리를/ 느끼기 위"(「소금 2」)한 '몸부림'과도 같은 제3의 이름으로 도약한다.

    숨통을 조여드는 일상으로
    바다가 찾아왔다

바다와 난 말없이 서로를 뚫어져라 쳐다봤다

바다는 잔잔한 미소를 머금고 노래를 부르지만

내 가슴속 귀에는 속울음 소리로 들리듯

바다도 나를 스캔하고 있다

이렇게 서로에게 골몰하는 동안

침묵의 수평선에 다다랐다

먼저 무너진 건 나였다

출구 없는 아픔,

고래고래 외장치며 쏟아내면서

아슬한 허무의 절벽에 서서 흔들리고 있다

그런 나를 멀뚱히 바라보며

녹아내린 심장과 온갖 쓰레기로

비만이 되어 가는 지친 바다는

굽혔던 허리를 펴고

저걸 덮쳐 말아 고뇌하고 있다

— 김차영, 「고뇌의 바다」 전문

  마음이 멈춰버린 곳에서 다시 삶을 시작하는 것은 쉽지 않다. 정신이 붕괴한 곳의 그 처참한 풍경은 철저하게 자기 내면으로 향하며, '내면'의 구조와 질서의 교란을 가속한다. 그것은 "출구 없는 아픔"이다. 그는 숨을 쉬면서도 자신의 폐를 드나드는 들숨과 날숨의 불안정한 상태에 손을 놓고 있다. 그는 우울에 잠식된 채, 온몸이

구겨진 들짐승처럼 웅크려 있다. 천천히, 자신의 삶을 되돌아보지만, 부질없다. 남은 날들도 지금과 다를 것 없다. 마음이 멈추고 정신이 붕괴하는 상태-우리는 이를 '우울'이라 말한다. 그리고 이 '우울'은 하이데거가 말한 인간 존재의 근원적인 기분 중 하나인 '죽음'을 향한 '불안'과도 연결된다.

김차영 시인은 바다와 마주한다. "숨통을 조여드는 일상"에 찌들어 있을 때면, 그는 이러한 시절들의 고통을 친구에게 기대는 듯 항상 '바다'에 털어놓는다. 시인은 이를 "바다와 난 말없이 서로를 뚫어져라 쳐다봤다/ 바다는 잔잔한 미소를 머금고 노래를 부르지만/ 내 가슴 속 귀에는 속울음 소리로 들리듯/ 바다도 나를 스캔하고 있다"고 노래하는데, 바다는 그의 말들을 고요히 들으면서 말 속에 어질러진 우울과 불안의 촉수들을 빨아들였다. "우리는 바다가 그리울 때면/ 냉장고에서 섬을 꺼내어/ 굽고 튀기고 끓여도 보면서/ 외로움을 달래는 토실토실한 고래가 되어/ 수평선 너머까지 다녀오곤 했"(「새만금」)던 한 채의 소담한 기억, 그 바다의 따뜻한 포옹과 같은.

하지만 삶의 지속은 수많은 문턱과 경계를 지나야 한다. 시인에게도 그런 상황이 터질 때가 있다. 바다와 시인이 '침묵의 수평선'에 이를 때까지 서로에게 골몰하지만, 그는 끝내 먼저 무너져 버린다. "고래고래 외장치며 쏟아내면서/ 아슬한 허무의 절벽에 서서 흔들"려야 했던 것. 그럼에도 바다는 오히려 '나'에게 더욱더 집중하면서, "그런 나를 멀뚱히 바라보며/ 녹아내린 심장과 온갖 쓰레기로/ 비만이 되어" 간다. 마음이 멈추어도, 정신이 붕괴하고 있어도, 그 우울이 불안과 함께 '나'를 덮쳐와도 바다는 그 거대하고 넉넉한 품으로 시인을 품에 안는다. 확실히 바다는 시인을 향한 절대적 우정, 숭고한 희생과 같은 안식이 아닐까.

또 누구의 죽음인가

묻혔다 이어지고 끊겼다 살아나는
선유도 넙덕지 때리는 물소리

서러워서일까
흰 셔츠 높이 휘젓고 가던 저녁 파랑
멈칫멈칫 발걸음 늦춰가네

비릿했던 한 생
요리조리 갯장어처럼 살다 간 뱃사내
아고똥한 마누라 못 잊혀 어찌 갔을꼬

이 밤 지나면

쉰다섯 등짐을 부려 논다네

　　찐득찐득 살과 피 다 마르도록

　　선유도 바람 품에 너하 너하 안긴다네

　　해감내만 짐승처럼 웅크리고 있는

　　흰빛 바랜 사막 어장

　　쭈꾸미방* 매달리듯 빛덩이 남겨두고

　　쩍쩍 갈라지는 북어처럼 멸치처럼

　　바람의 경전 들으러

　　　　　　　― 윤명규, 「기울어진 바다」 전문

　　무엇보다 윤명규 시인에게 바다는 '죽음―이미지' 그 자체다. 하지만 기묘하게도 줄기차게 "묻혔다 이어지고 끊겼다 살아나는", 선유도의 넓적다리('넙덕지')를 때리는 '물소리'처럼 생명의 이어짐과 같은 이율배반을 내포한다. 요컨대, 죽음에도 어떤 식으로든 생生의 핵심 현상인 '지속'이 깃들어 있다는 말이다.

　　물론 시인이 통찰한 이 '반복되는 죽음'은, 회피 혹은 타협이나 받아들임과 같은, 우리가 그것과 대면했던 기존의 방법을 넘어서는 또 다른 가능성을 타진하는 과정의 산물이기도 하다. 시인이 노래하듯 "바다는 비늘을 벗듯/ 실빛살 껴안은 채 잔숨 몰아쉬는데/ 마른 버짐 돋은 주홍빛 살점들만/ 땅바닥에 뒤척이며/ 서걱서걱 진 저리 친다// 사월이면/ 남쪽 바다는 왜 시리도록/ 꽃물이 드는 걸까// 둥지 찾고 있는 그들을/ 깊이깊이 가두"(「사월에는」)고 있지만 이러한 사태는 탈피 혹은 변화를 위한 전초가 아닐까.

 죽음, 곧 '바다'를 목전에 두고 그는 자신의 삶이 어쩌면 끝없이 반복되는 '서러움'일지 모른다고 느낀다. "흰 셔츠 높이 휘젓고 가던 저녁 파랑/ 멈칫멈칫 발걸음 늦춰가"는데, 시인이 문득 떠올린 아내의 체취도 그 '바다'는 죽음-이미지를 덧칠한다. 하지만 이와 동시에 시인의 마음에 파고들며 '그리움'이라는 새로운 길을 내는 것도 '바다'다. "요리조리 갯장어처럼 살다간 뱃사내"의 비릿했던 한 생은 못마땅한('아고똥한') 마누라에 대한 감정을 그리움으로 확장하는 것이다. "찐득찐득 살과 피 다 마르도록/ 선유도 바람 품"에 안기는 감정의 눅진한 온도―그렇게 바다는 쭈구미방(쭈꾸미를 잡기 위해 줄에 매달은 소라껍질)으로 고양되고 있다.

 비록 짐승처럼 웅크린 채 오랜 시간 해감내만 쌓여 있지만, 그리하여 죽음을 내포할 수밖에 없겠지만, 이미 그 '방'은 죽음을 대칭하고 시인의 내면을 파고들어 '또-다른-세계'의 문으로 착상된다. 새로운 길은 언제나 기존의 폐쇄된 경계를 넘어서는 과정에서 열린다는 진리는 이 작품에서도 이어진다. "쩍쩍 갈라지는 북어처럼 멸치처

럼" 그는 고요히 자신의 죽음에 침잠하며 '바람의 경전'
을 듣는 것이다.

    크다 작다 눈금을 그어댔어
    희다 검다 색칠했어

    외눈으로 바라보는 세상을 콕콕 쪼아대며
    외지고 굽은 길 피해 보려 해도 그 길이 그 길

    가슴 빠개지는 눈먼 사랑하고 싶다는 여자
    남자는 그런 사랑은 이상이라 하고
    여자는 그 이상이란 걸 현생에 살아보자 했어

    너무 높은 곳에 있어 따올 수 없는 물건인지
    너무 비싸 사 올 수 없는 물건인지
    여자는 앙앙불락이었어

    쉼 없이 해일은 밀려오고 파도가 목마를 태워도
    머 언 물금자리에 머물고 있는 서로의 눈

    서발장대 휘저어도 걸릴 것이 없는 남자
    어깨를 짓누르는 맏이란 이름
    등에 진 짐이 키를 넘어도

〈
물색 바래지지 않는

어제 같은 오늘 오늘 같은 내일

물결이 일지 않는 수면이어

바다가 우려내는 노을 앞에서도

바라보지 못했어 소리를 듣지 못했어

그 긴 날 침묵하고 있던 남자가

내 안의 바다였다는 것을…,

— 윤정희, 「바다」 전문

    때로 바다는 인간의 감정을 곡진히 표현하는 객관적 상관물이기도 하다. 특히 윤정희 시인은 '바다'를 '사랑'으로 등가 하는데, 그 양상이 무척 섬세하고 정교하다. 우선 시인은 바다 아닌 세계가 어떤 자세와 태도를 지니는지 살핀다. 그 세계를 통해 시인은 자신에게 표상된 이미지들을 "크다 작다 눈금을 그어"대고, "희다 검다 색칠"하는데, 이러한 행위가 반복될수록 세계는 점점 더 좁아지고 메마르고 여백 없는 차가운 '논리'로 가득 찬다. 요컨대, "외지고 굽은 길 피해 보려 해도 그 길이 그 길"일 뿐인 "외눈으로 바라보는 세상"이었던 반면 '바다'가 투영된, 혹은 바다가 포용하는 세계는 "가슴 빠개지는 눈먼 사랑"이 가능한 곳으로 상정된다.

저기, 해변의 황혼을 걷는 노년의 부부가 있다. 해수면을 흐르는 파도가 빛을 받아 붉은 포말로 부서지는데, 부부의 애틋한 감정은 점점 더 고양된다. 누가 먼저라 할 것 없이 부부는 '눈먼 사랑'에 대해 속삭이기 시작하는데, 그 대화가 충분히 숙성되기도 전에 묘한 균열이 생겨버린다. 남자는 그런 사랑이 '이상'일 뿐이라고 말하지만, 여자는 그 '이상'이 현생에도 충분히 이뤄질 수 있다고 대답한다. 별처럼 까마득한 곳에 있어 따올 수 없거나 혹은 너무도 비싸 사 올 수조차 없는 '물건'이라서 대답이 표정이 없는지 모르겠지만 여자는 남자의 태도가 내심 서운하다. 수평선 너머로 바닷물을 밀어내는 갯벌 앞에서 여자는 앙앙불락이다.

황혼의 해변을 산책하면서 남자와 여자는 점점 더 기울어진다. "시든 몸을 휠체어에 의지한 채/ 쥐어짠 수건처럼 물기 없는 얼굴/ 파리한 손가락// 와락/ 끌어안은 자전을 멈춰버린 품에서/ 마른 바람 소리만 바스락거"(「땅끝마을」)리는 소리가 환청처럼 들려온다. 문득 고개를 드니 서로를 바라보는('데상하는') 시선에는 울음이 가득하다. 노년에도 사랑은 멈추지 않고 지속한다. "쉼 없이 해일은 밀려오고 파도가 목마를 태워도/ 머언 물금자리에 머물고 있는 서로의 눈"에는 오직 상대방의 모습만이 아련하다. '맏이'라는 이름을 부여받은 남자는 어깨를 짓누르는 중압에 힘겨워 "등에 진 짐이 키를 넘"도록 일을 해왔지만, 그 압력을 이겨낼 수 있는 이유는 여자의 사랑이다. 그들이 가꾼 사랑은 "어제 같은 오늘 오늘 같은 내일"을 만들어내며 영원으로 치닫는다.

어느새 노년으로 접어든 남자와 여자가 있다. 그들이 걷는 해변에는 붉은 포말로 부서지는 파도가 끝없이 밀려왔다 밀려간다. 그들은 앞서거니 뒤서거니 하며 "물결이 일지 않는 수면"을 걷는다. 언뜻 여자는 남자의 목을 타고 흘러나오는 길고 긴 침묵이 사랑이 아닐까, 생각한다. 그렇다. 그것이 결코 지워질 수 없는 "내 안의 바다"였던 것이다.

> 바다의 깊은 눈빛에 젖어
> 종일 별 물결만 쫓아다니다
>
> 낚싯대에 붉은 노을 걸어놓았다
>
> 하루를 미끼로 던져주었는데
>
> 어망 속에
> 파란 하늘과 내가 담겨 있다
>
> — 문화인, 「낚시」 전문

억년을 달려온 파도의 기차 바퀴에

   깃발이 펄럭인다

   실금 같은 흉터 새겨져 있을까

   아린 물결 위에

   오늘 힘겨이 너를 맞이하고 있는 이유이다
   　　　　　　　　　　　　ㅡ 문화인, 「바다」 전문

문화인 시인에게 바다는 무엇보다 생활의 터전이면서도 동시에 삶을 잠시 멈출 수 있도록 만드는 여백이다. 그에게 바다는 그만큼 소소하고 명백하며 때로는 추상(정산)과 구체(육체)를 수시로 넘나드는 감각과 사유의 기본이기 때문이다. 물론 여기서 '생활'이란 직업인으로서의 입장만을 의미하지 않는다. "걷기밖에 모르던 삶의 톱니바퀴/ 촉촉이 적셔주던/ 새벽을 여는 이슬"이면서도 "습한 골목을 지키며 군불을 피워내던/ 지난한 생의 가슴 아린 아궁이"였고, "더운 꿈이었던 빛바랜 가옥"이자 "찌르레기 힘겨운 울음이었다가/ 어두운 벤치의 야윈 기다림"이기도 한다(「땀시」).

총체로서의 일상, 들숨과 날숨이 가지런히 정련된 시간의 촘촘한 그물인바, 일례로 시인은 '낚시'라는 시어를 통해 고단한 생활의 면모를 환기하는가 하면, '깃발'

을 '파도'로 등치 하면서 그 절실한 실존의 행간도 모색한다—물결이 일렁이는 황혼의 바다, 그 고요한 세계 속에 한 사람이 앉아 있다. 그는 "바다의 깊은 눈빛에 젖어" 있으며, 눈동자에는 은하수처럼 이제 막 흐르기 시작한 '별 물결'이 드문드문하다. 낚싯대를 부여잡고서는 천천히, 아주 느리게 붉은 노을을 걸어놓는다. 완만하게 구부러지는 낚싯대, 그 부드러운 포물선을 보면서 하루치 일상을 되돌아본다. 언젠가 이 삶이라는 '어망'을 충실하게 부유할 바다가 생각 속으로 펼쳐지는데, 문득 고개를 들어보니 중천에 황혼이 점거하지 못한 파란 하늘이 '눈부처'처럼 박혀 있다. 고달픈 생활에도 이를 상쇄할 희망은 남아 있다는 뜻일까.

그렇게 파란 하늘은 고달픈 삶에 여백을 만들어낸다. "억년을 달려온 파도의 기차 바퀴"처럼 펄럭이는 분분한 일상에서도 포말로 부서지는 파도(혹은 '깃발')는 시인의 내면에 깃들어 조금씩 숙성되고 있다. 공중에 각인되는 "실금 같은 흉터", 그 아린 물결은 분명 보이지 않고 손에 잡히지도 않지만 문장과 문장 사이를 완충하는 여백과도 같아 언젠가는 우리의 생활로 스며들 것이다. 그것이 바로 "오늘 힘겨이 너를 맞이하고 있는 이유"다.

단단했던 하루를 풀어헤친
노을 나무 아래

생의 한 귀퉁이를 걸어 놓았네

뛰어든 사자 한 마리

갈기를 휘날리며
물고기처럼 주변을 서성거리네

그 등에 올라타
보이지 않아도 흔들리지 않는 나
파문을 굽이굽이 헤치고 있는
치열한 저녁

바다에 살 다 뜯기고 뼈만 앙상하게 남은
생멸生滅의 이름 짙게 뱉어놓고
수신되지 못한 파동의 말로 주파수를 맞추네

노을빛 바다를 헤엄쳐 걸어간다네

— 이서란, 「해무海霧」 전문

  이서란 시인은 바다 그 자체보다는 '해무'와 같은 바다가 산출하는 효과에 집중한다. 여기서 해무는 바다와 육지의 완충이면서 동시에 양자를 결합하는 감각과 사유의 고리다. 모래사장을 산책하던 시인은 아주 느리게 그리고 무겁게 엄습하는 소금기에 푹 절은 안개를 보고서 가까이 다가가는데, 그 모호한 더미는 손에 닿은 즉시 풀어지고 날벌레처럼 다시 뭉치기를 반복한다. 사람이나 사물의 크기만큼 파헤쳐진 공중—시인은 이 더미의 구체적인 이름이 '해무'라는 것을 알면서도 가급적 뒤로 밀어놓는다. 무슨 이유일까.

  한 사람이 산책한다. 맨발에 밟히는 모래는 더없이 축축하고 부드럽지만 거칠다. 해변에 새겨지는 발자국은 지난 세월을 함축하듯 고단하게 기울어져 있다. 그는 가끔 멈추면서 이 적멸의 공간을 뒤덮은 해무를 힘껏 들이킨다. 가까운 건물들도 아스팔트도 자동차 숨소리조차 내지 않는다. 소나무 숲을 보니 "단단했던 하루를 풀어헤친 노을 나무 아래"에 '생의 한 귀퉁이'가 걸려있다. 그 옆에는 "갈기를 휘날리며/ 물고기처럼 주변을 서성거리"는 사자 한 마리도 보인다. 그는 사자 등에 올라타고 싶은 강렬한 욕망에 사로잡힌다. 그 등에 올라타서 보이지 않으며 흔들리지도 않는 '나'로 변신하고 싶은 것.

  그러나 황혼이 찾아오면서 사자의 육중한 움직임은 "파문을 굽이굽이 헤치고 있는/ 치열한 저녁"으로 바뀌기 시작한다. 물론 '파문'이란 "달은 이마에 머리띠를 둘렀다/ 머리 아픈 하루가 달려드는 시간// 검은 별/ 긴잎 이팝나무, 쇠물푸레나무/ 어둠 속에서 비명 지르는 것들// 실패, 성공, 번민의 세제를 공중에 흩뿌리고/ 나는 바다에 던져"(「사량도 세탁기」)진 하루의 변곡점이자 일상이 몰고 온 고단함이다. "드러내고 싶지 않은 각주"(「광대」)처럼 의미심장한 메시지를 내뿜기 시작하는 밤의 직전이다.

*

시인들은 각자의 포즈로 해무를 거닌다. 새벽부터 저녁까지 걸음의 속도는 일정하다. 그들은 각자의 방식으로 바다를 본다. "바다에 살 다 뜯기고 뼈만 앙상하게 남은/ 생멸生滅의 이름"(이서란, 「해무海霧」)이 눈부신 포말로 흩어지고 있다. 그것은 어제와 오늘만의 일이 아니다. 이미 영겁을 건너왔고, 앞으로도 영겁의 시간을 보내야 하는 '일렁거림'이다. 어쩌면 이것은 '수신되지 못한' 혹은 '수신되기를 거부하는' 파동일지 모른다. 왜냐하면 이제 그들의 걸음은 해무의 중심에 이르고 투명해졌으며 노을빛으로 충만한 싱싱한 수면을 딛고 섰기 때문이다. (*)